将魂

水墨风古代名将画谱

段磊 著

人民邮电出版社
北京

图书在版编目（CIP）数据

将魂 ：水墨风古代名将画谱 / 段磊著. -- 北京 ：
人民邮电出版社，2024.3
ISBN 978-7-115-62949-4

Ⅰ. ①将… Ⅱ. ①段… Ⅲ. ①军事家－生平事迹－中
国－古代－图集 Ⅳ. ①K825.2-64

中国国家版本馆CIP数据核字(2023)第208540号

内 容 提 要

本书是一本水墨古风画集，作者用大气磅礴的作品展现了6位中国古代将领的形象。

本书选择了我国古代历史或传说中的著名将领霍去病、花木兰、李靖、岳飞、辛弃疾和戚继光，用精美而大气的插画，重现了将领们的“高光时刻”。除此以外，书中还分享了作者的原创图文故事《狩人》和汉、唐、宋、明时期部分甲胄、军刀的样式。

本书适合喜欢传统文化、喜欢水墨古风画集的读者阅读。

◆ 著　　　段　磊
责任编辑　魏夏莹
责任印制　周昇亮
◆ 人民邮电出版社出版发行　　北京市丰台区成寿寺路 11 号
邮编　100164　　电子邮件　315@ptpress.com.cn
网址　https://www.ptpress.com.cn
天津图文方嘉印刷有限公司印刷
◆ 开本：889×1194　1/16
印张：9　　　　2024 年 3 月第 1 版
字数：230 千字　　　　2024 年 3 月天津第 1 次印刷

定价：128.00 元

读者服务热线：(010)81055296　印装质量热线：(010)81055316
反盗版热线：(010)81055315
广告经营许可证：京东市监广登字 20170147 号

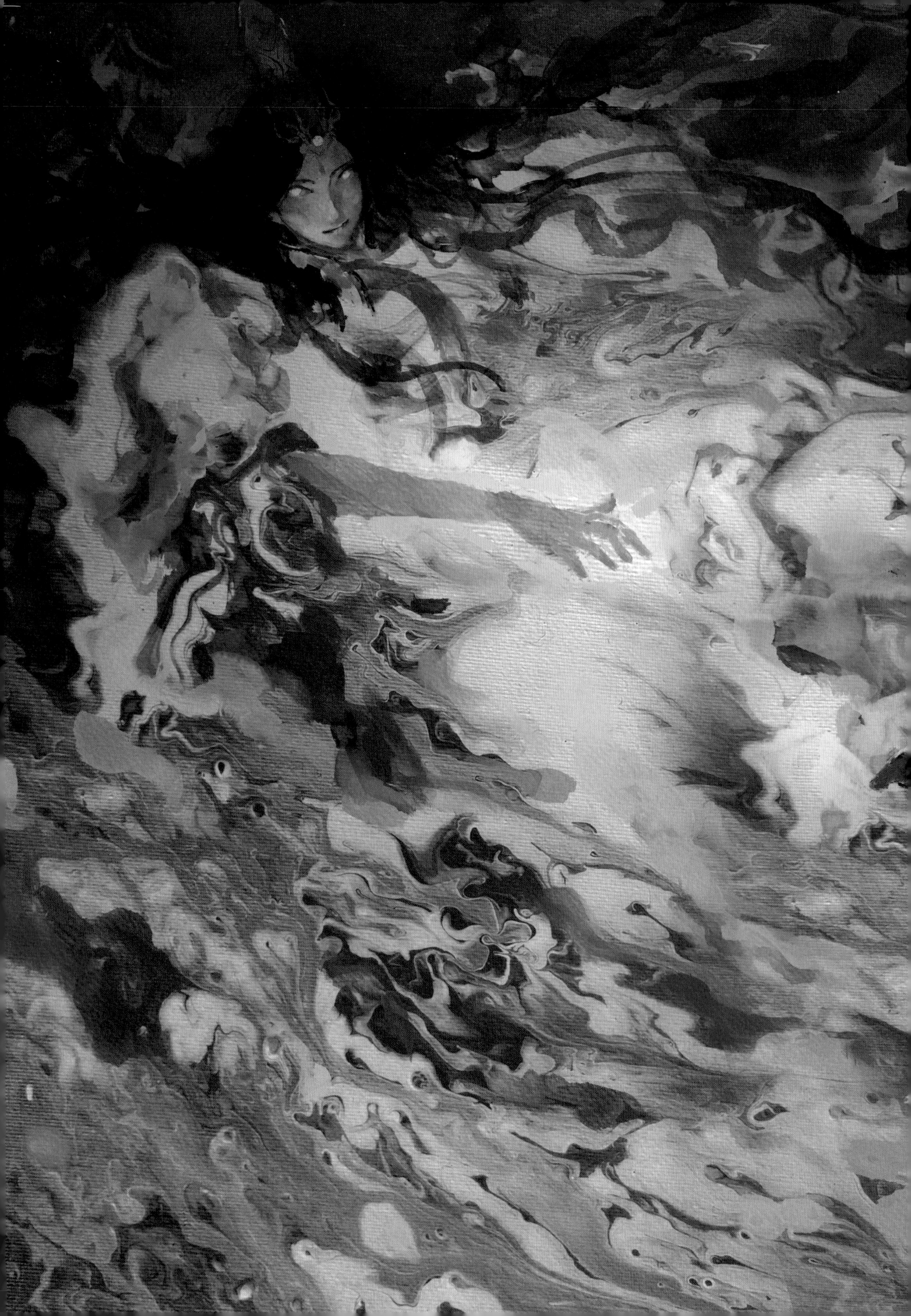

自序

用水墨的方式表现中国的武将和甲胄，是我多年的愿望。区别于西方绘画的写实、日本绘画的工整，中国水墨画更擅长表达意境和情绪。有时候，寥寥数笔加上大面积的布白就能将各种不同的场景和感受表达得淋漓尽致。而墨的浓淡虚实，能够在色彩不充当主角的情况下产生一种韵律感。

作为一个数字艺术家，虽然大部分时间用计算机进行创作，但我一直在尝试用数字创作的方式表现出传统水墨的质感。这样的创作方式不仅便于修改和调整，也能避开手绘在扫描中损失画面的问题，让出版物能够呈现更完美的画面效果。

《将魂》画了不到一年，在此之前，我的画一直保持着色彩浓烈的风格，但是这次完全用大面积的黑白水墨风格去创作。整个过程行云流水，几乎没有经历瓶颈和倦怠期，创作一气呵成。

水墨不同于油彩的浑厚，也不同于水彩的柔润，它可以焦而不燥，浓而不滞，也可以水韵悠长，刚柔并济。这是属于中华民族的智慧，一切化繁为简，却在这种简约之中暗藏乾坤，气象万千。为了突出这种特质，在《将魂》这本画集里，我舍弃了繁复的场景，并大量地运用布白。我希望在突出人物的同时，留给观众更多的想象空间。

其实，除了画画这件事，我也算半个作家。在过去的十年里，出版过几十万字的小说。对于我来说，绘画也好，文字也罢，都只是表达自己的方式。我希望能把这些文学经验带到这一次的创作中来，从传统的历史文化中找到一种全新的、独特的、属于自己的创作语言。

霍去病、花木兰、李靖、岳飞、辛弃疾、戚继光这几位都是家喻户晓、战功卓著的中国武将。在每一个中国人的心里，都有他们自己勾勒出来的英雄形象。我做不到画准他们的型，但会尽力去描绘他们的魂，希望这种忠勇刚烈的民族之魂，能在我们的血脉中延续。让每一个中国人都热爱我们美丽的河山，忠于自己的祖国。

段磊

2023年11月

序

将者，会意形声字，手持兵符，施令征战之人。

魂者，形声会意字，人格精神也。

自古以来，出将入相是大多数中国人的精神追求，无论是御敌于千里还是守护于朝堂，手中锐器与身上铠甲都与这些人物故事相映成辉，最终成为我们心中的英雄。

当古战场的硝烟散尽，古城墙的砖石也成了遗迹，但是这些英雄的将魂却从不曾死去。

段磊先生用一支笔带我们重新穿越时间，用一张纸带我们重新穿越空间，用水墨颜色带我们重新穿越历史，将我们与这些英雄无限拉近，使我们仿佛能看到他们的“将魂”！

威廉超

2023 年 11 月

目录

第一章

霍

魂
IANGHUN

病

少年

少年学剑术，凌轹白猿公。
珠袍曳锦带，匕首插吴鸿。

斗猿

山野 密林

潜行 少年

白猿 斗笠

竹槊 银枪

激斗 激斗

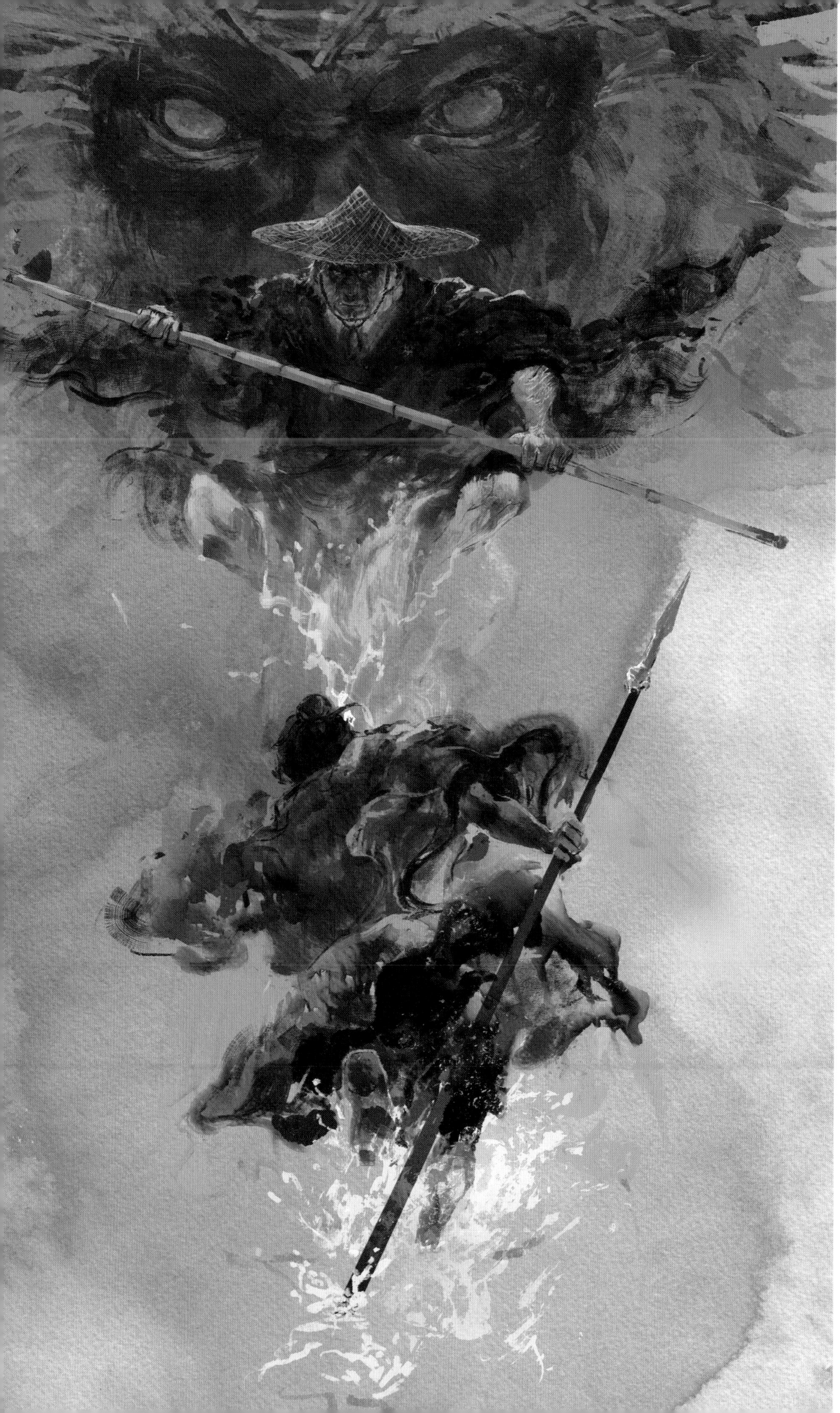

枪烈

寒刃随风烈，清溪乱波澜。
回首刺银枪，猿公舞竹弹。
暮影过槐花，垂月半点黄。
林间破阵曲，少年露锋芒。

夜袭

风萧萧兮易水寒，壮士一去兮不复还！
探虎穴兮入蛟宫，仰天呼气兮成白虹！

陷阵

暮云空碛时驱马，秋日平原好射雕。
护羌校尉朝乘障，破虏将军夜渡辽。
玉靶角弓珠勒马，汉家将赐霍嫖姚。

冠军侯

四夷既护，诸夏康兮。
国家安宁，乐无央兮。
载戢干戈，弓矢藏兮。
麒麟来臻，凤凰翔兮。
与天相保，永无疆兮。
亲亲百年，各延长兮。

第二章

花

春意

小园新种红樱树，
闲绕花枝便当游。

胡旋

胡旋女，胡旋女，心应弦，手应鼓。
弦鼓一声双袖举，回雪飘飖转蓬舞。

从军

从军十五载，寒暑易其衣。传是将军姓，不识木兰名。
将军百战死，壮士十年归。未闻木兰名，胜读兵书策。

望乡

谁言女儿身，巾帼亦能安。
只是男儿志，沙场泪满衫。
军书夜到明，征战沙场苦。
忽闻军中笑，男儿当自强。
一代女将军，沙场走四方。

神将

一代英豪女将军，
不爱红装爱戎装。
沙场驰骋惊敌胆，
铁骑飞扬战旗红。

第三章

李

靖

唐横

唐横刀，汉家传，自有英豪在，不到昆仑不肯休。

何似今朝汉家无，玉人舞剑长相忘。

第三章　李靖

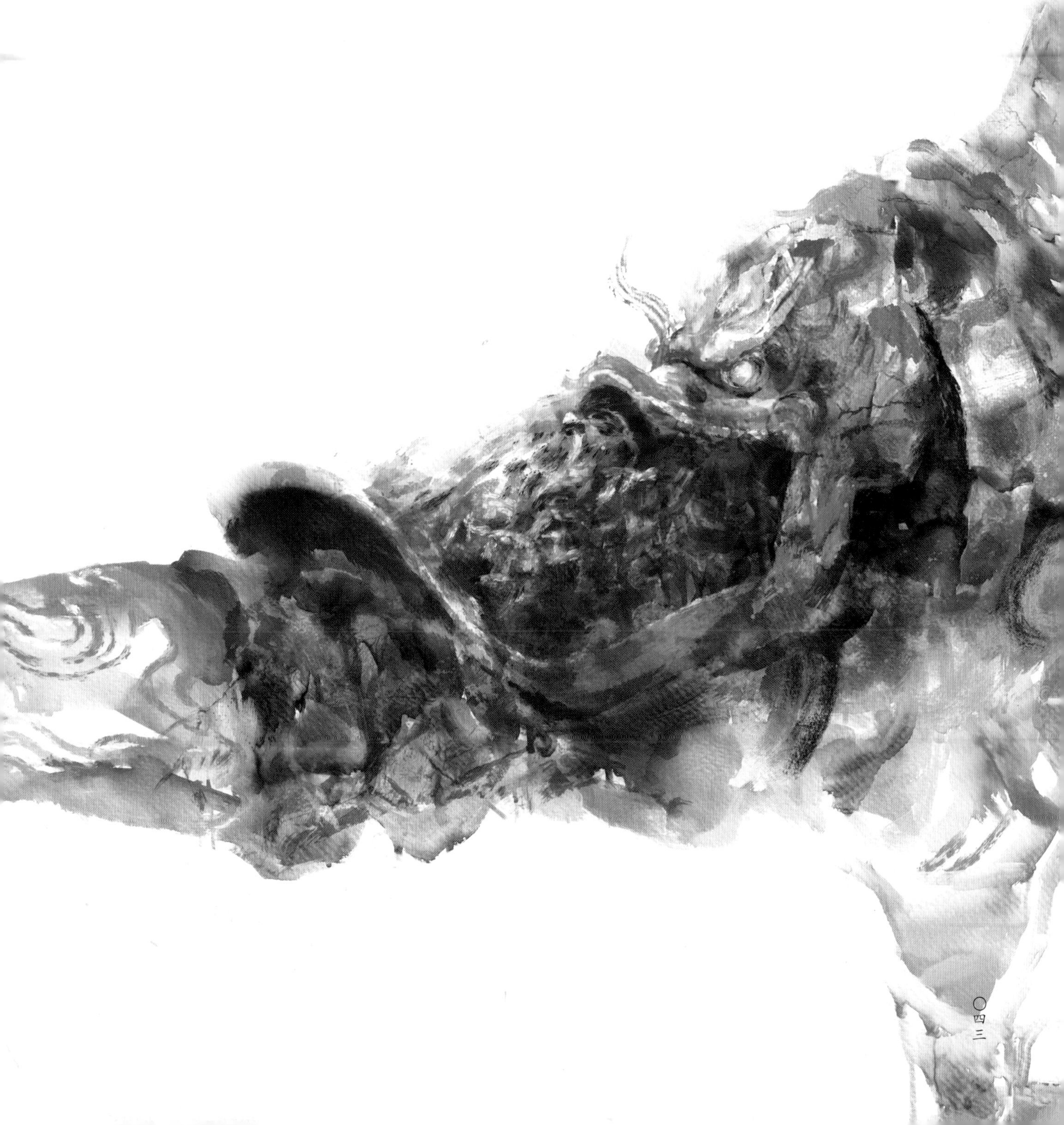

龙武军

明光铠，明光剑，三尺青蛇舞剑时。
天外飞仙神剑变，人间杀气斩魔妖。
明光铠，明光剑，宝剑横眉立正气。
剑光飞动风云动，圣火凌空日月清。

大唐边军

将军角弓不得控，都护铁衣冷难着。
瀚海阑干百丈冰，愁云惨淡万里凝。
中军置酒饮归客，胡琴琵琶与羌笛。
纷纷暮雪下辕门，风掣红旗冻不翻。

踏风

马踏飞剑骑如龙，
风卷尘埃天地空。
手执长戟百步杀，
策马横枪一剑封。

大风

大风起兮云飞扬，
威加海内兮归故乡，
安得猛士兮守四方！

银河

雪净胡天牧马还，月明羌笛戍楼间。
借问梅花何处落，风吹一夜满关山。

孤月

枯藤老树昏鸦，
小桥流水人家，
古道西风瘦马。
夕阳西下，断肠人在天涯。

岳

第四章

飞

月影

明月出天山，苍茫云海间。
长风几万里，吹度玉门关。
汉下白登道，胡窥青海湾。
由来征战地，不见有人还。
戍客望边色，思归多苦颜。
高楼当此夜，叹息未应闲。

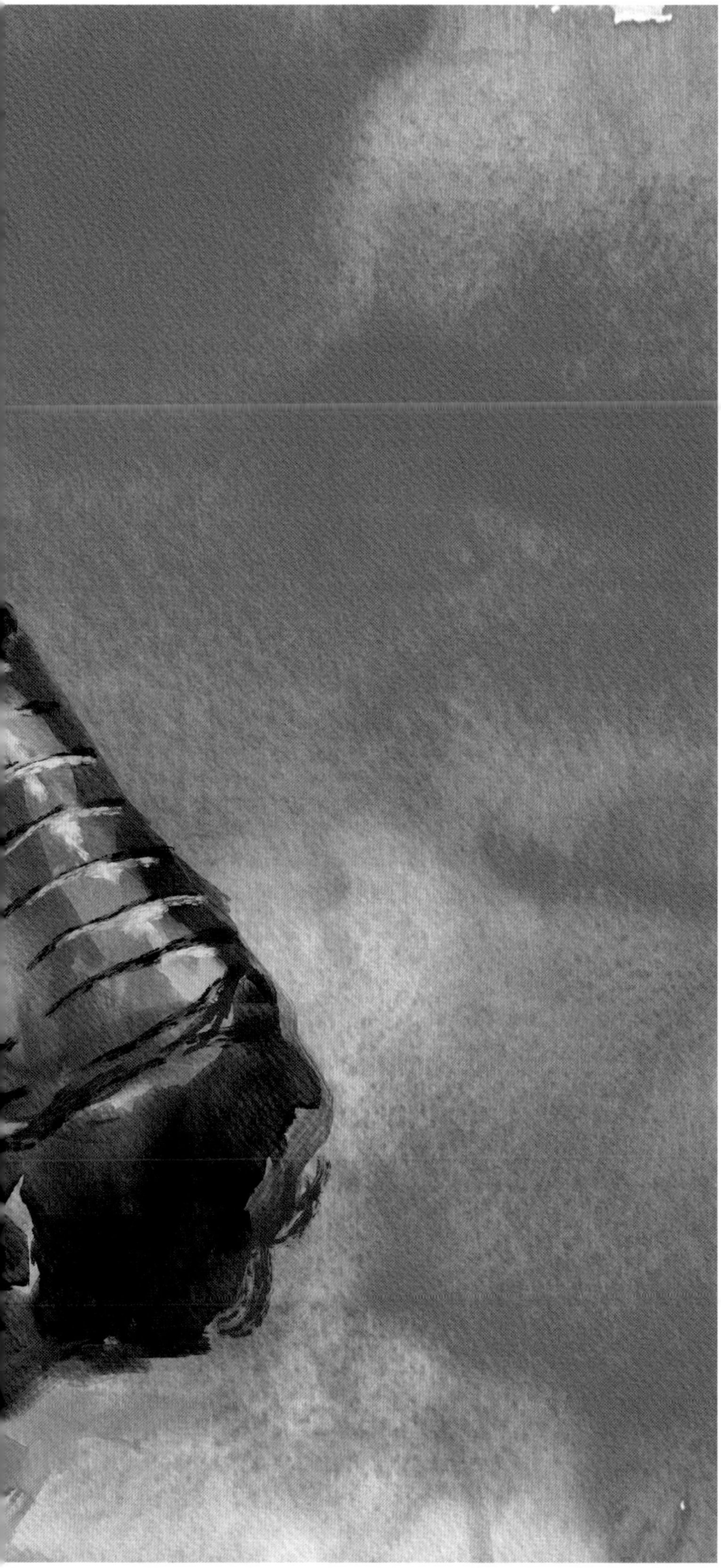

戴甲

谁将三字狱，堕此一长城。
北望真堪泪，南枝空自荣。
国随身共尽，君恃相为生。
落日松风起，犹闻剑戟鸣。

雪殿

战哭多新鬼，愁吟独老翁。
乱云低薄暮，急雪舞回风。
瓢弃尊无绿，炉存火似红。
数州消息断，愁坐正书空。

兀术

强兵一夜度飞狐，大雪连营照鹿卢。
明月五原容射猎，长城万里不防胡。
单于塞外输龙马，天子宫中出虎符。
独有流黄机上泪，西风吹不到征夫。

夺魄

早岁那知世事艰，中原北望气如山。
楼船夜雪瓜洲渡，铁马秋风大散关。
塞上长城空自许，镜中衰鬓已先斑。
出师一表真名世，千载谁堪伯仲间。

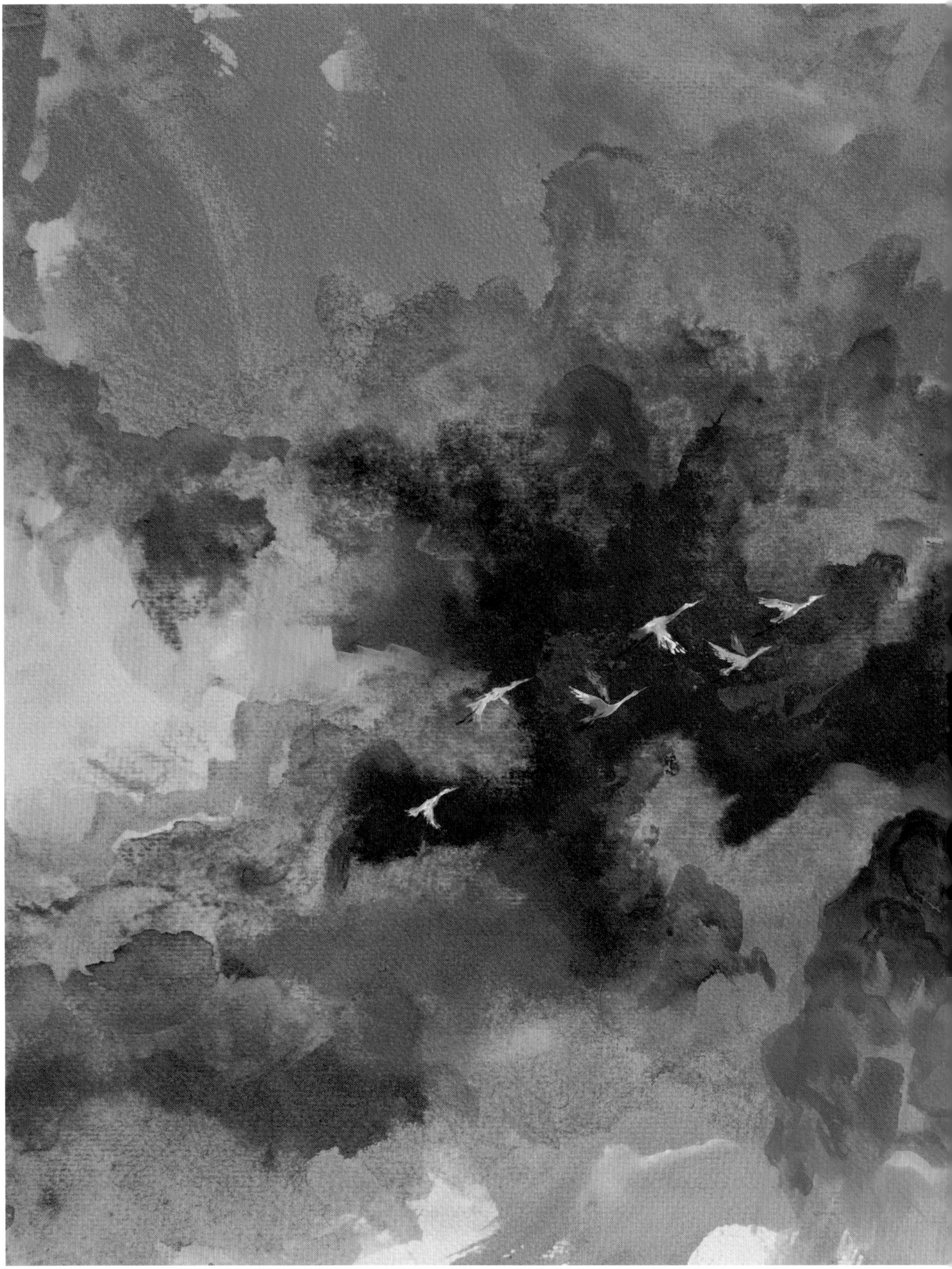

朝天阙

广野晨方合，征帷午尚垂。
千峰愁隐障，万亩快潜滋。

冲冠

怒发冲冠，凭栏处、潇潇雨歇。
抬望眼、仰天长啸，壮怀激烈。
三十功名尘与土，八千里路云和月。
莫等闲、白了少年头，空悲切。
靖康耻，犹未雪。
臣子恨，何时灭？
驾长车，踏破贺兰山缺。
壮志饥餐胡虏肉，笑谈渴饮匈奴血。
待从头、收拾旧山河，朝天阙。

风波

拂拭残碑，敕飞字，依稀堪读。
慨当初，倚飞何重，后来何酷！
岂是功成身合死，可怜事去言难赎。
最无辜，堪恨又堪悲，风波狱。
岂不念，封疆蹙！
岂不念，徽钦辱！
念徽钦既返，此身何属。
千载休谈南渡错，当时自怕中原复。
笑区区、一桧亦何能，逢其欲。

第四章　岳飞

岳王

遥望中原，荒烟外、许多城郭。
想当年、花遮柳护，凤楼龙阁。
万岁山前珠翠绕，蓬壶殿里笙歌作。
到而今、铁骑满郊畿，风尘恶。

第五章

辛

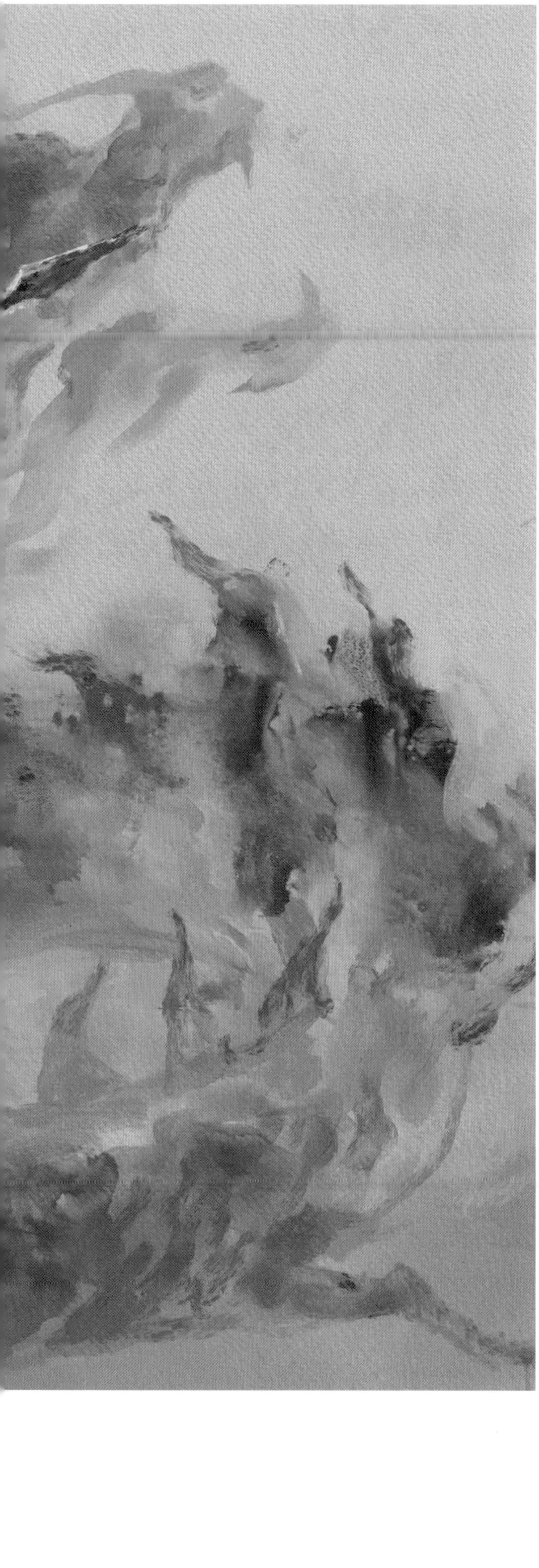

龙吟

老来曾识渊明，梦中一见参差是。
觉来幽恨，停觞不御，欲歌还止。
白发西风，折腰五斗，不应堪此。
问北窗高卧，东篱自醉，应别有，归来意。
须信此翁未死，到如今凛然生气。
吾侪心事，古今长在，高山流水。
富贵他年，直饶未免，也应无味。
甚东山何事，当时也道，为苍生起。

清风

青衣出江左，江上清风游。
飘零何归处，人去即难留。
除却红尘事，麒麟亦烦忧。
远黛浮萍水，化作天涯路。
人生天地间，忽如远行客。

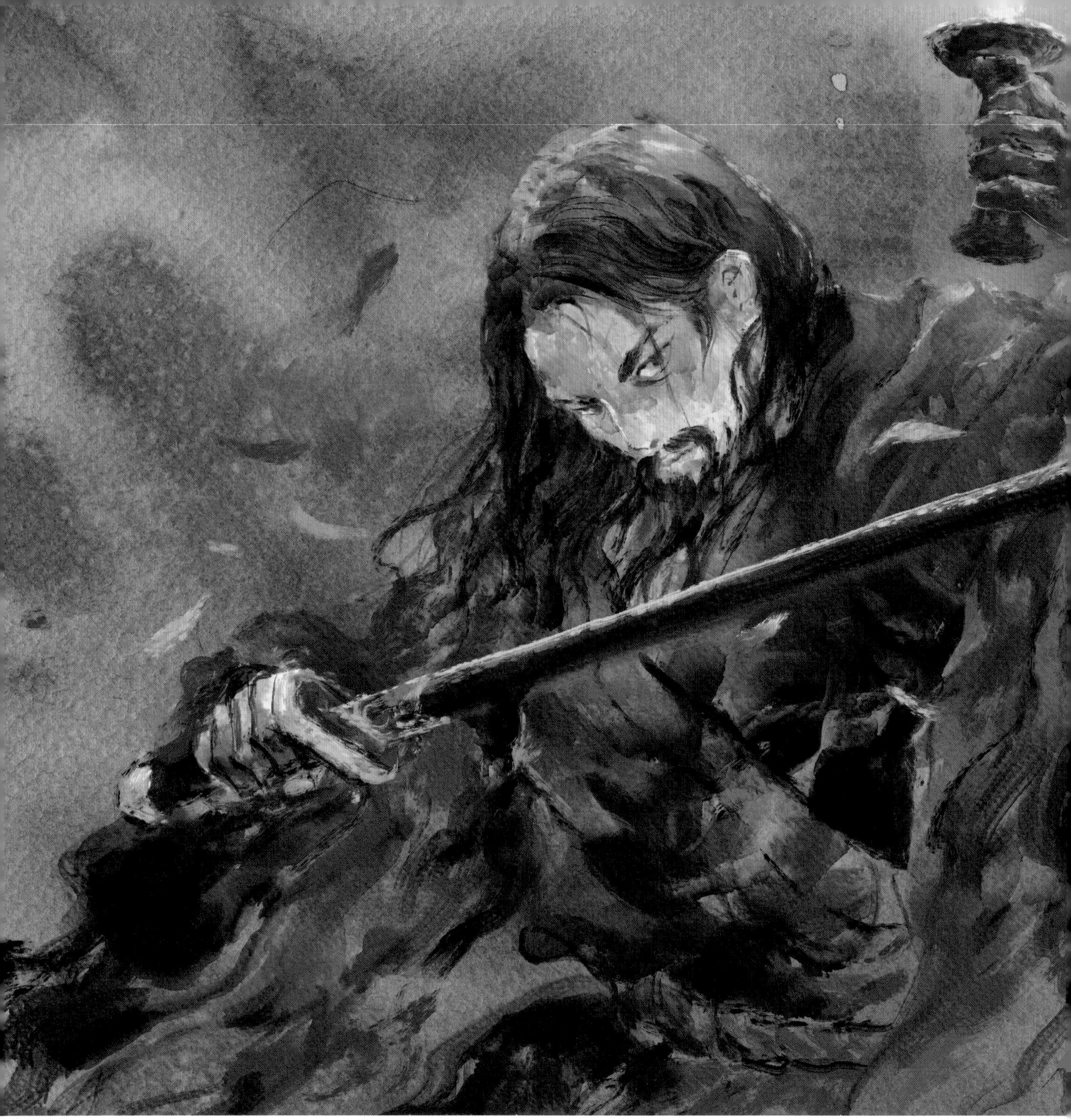

挑灯

酒与刀

跃马

醉里挑灯看剑，梦回吹角连营。
八百里分麾下炙，五十弦翻塞外声，沙场秋点兵。
马作的卢飞快，弓如霹雳弦惊。
了却君王天下事，赢得生前身后名。
可怜白发生！

第六章

刀锋

一剑横空星斗寒，甫随平北复征蛮。
他年觅得封侯印，愿学幽人住此山。

神机

广陌何来虎，凌晨下远峦。
跃身入村院，阖户落心肝。
猛士双登壁，神枪叠掷丸。
技精连命中，殪此未云难。

鬼

鬼将

天狗

十年驱驰海色寒，孤臣于此望宸銮。
繁霜尽是心头血，洒向千峰秋叶丹。

狭路

小筑暂高枕，忧时旧有盟。
呼樽来揖客，挥麈坐谈兵。
云护牙签满，星含宝剑横。
封侯非我意，但愿海波平。

第六章　戚继光

斩鬼

锦衣

寒月化五龙，飞鱼瞻玉京。
诏狱丧易牙，绣春照雪明。
卿本西城月，是非笔墨生。
辽东九万里，饮马二人行。
生死何所道？但惜故人情。
他年尔来访，觞尽壶自倾。

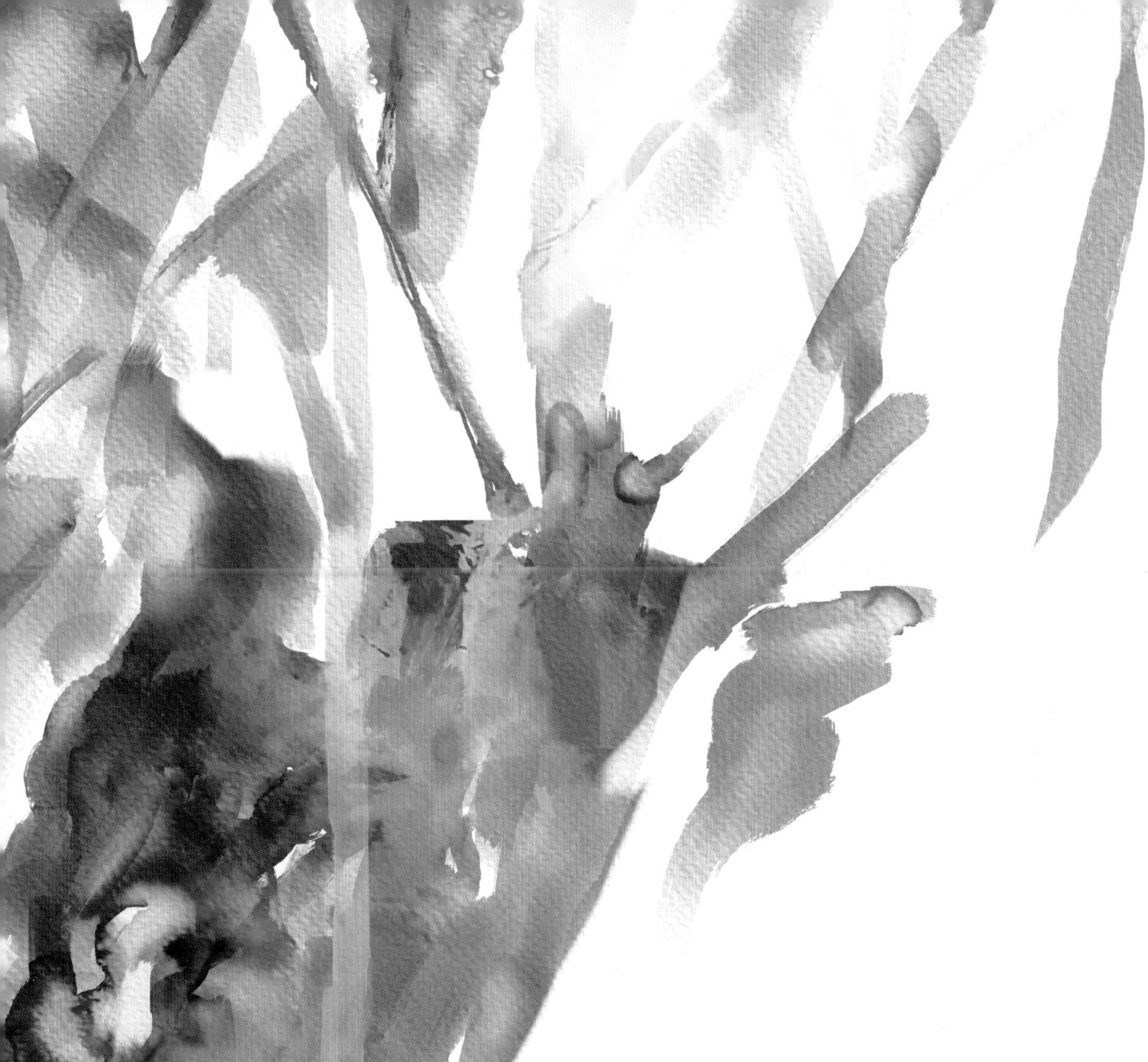

第六章　戚继光

迷藏

夕时

一场恶战之后，
一名大明边军在芦苇荡中与一名倭寇短兵相接。

对峙

长刀划过芦苇杆，
双方都朝着对方发起冲锋。

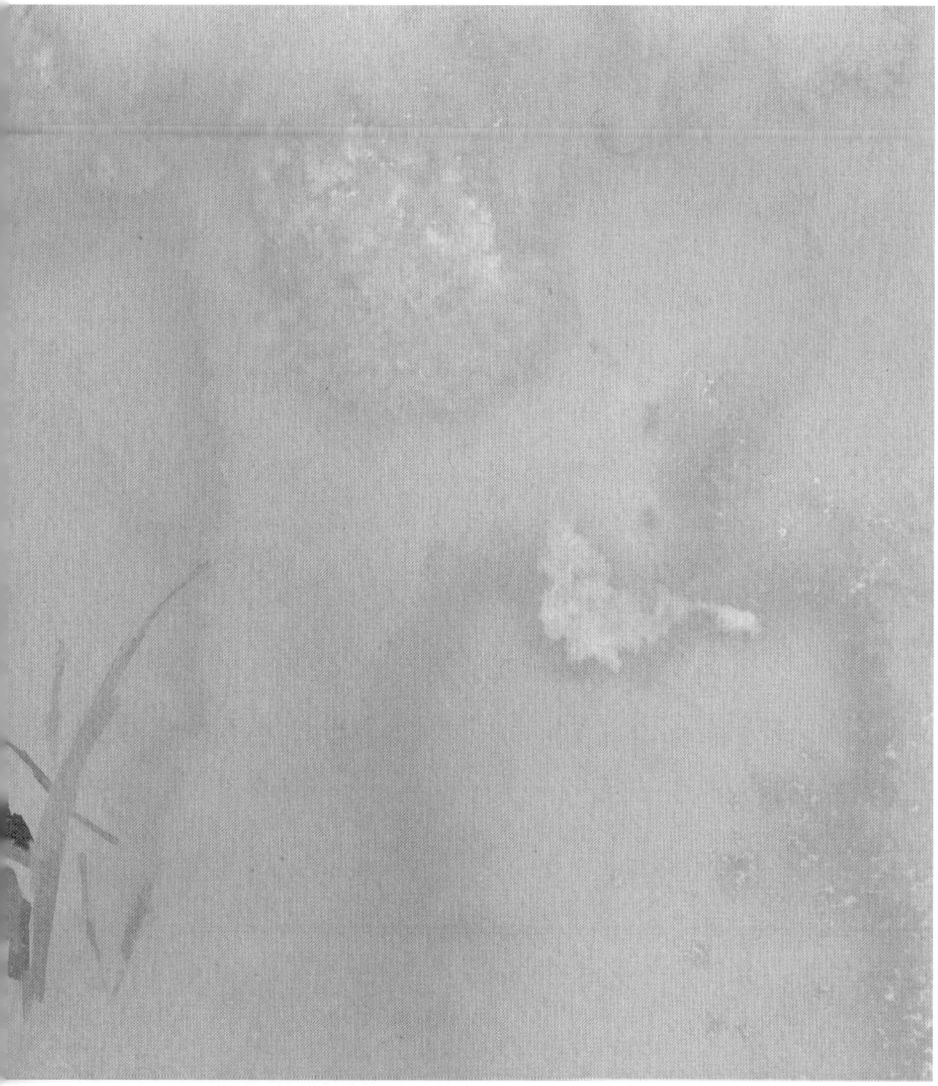

斗破

戚家刀和倭刀撞击在一起，
没有人退后，生死只在电光火石之间。

狙杀

雪好像停了。

第七章

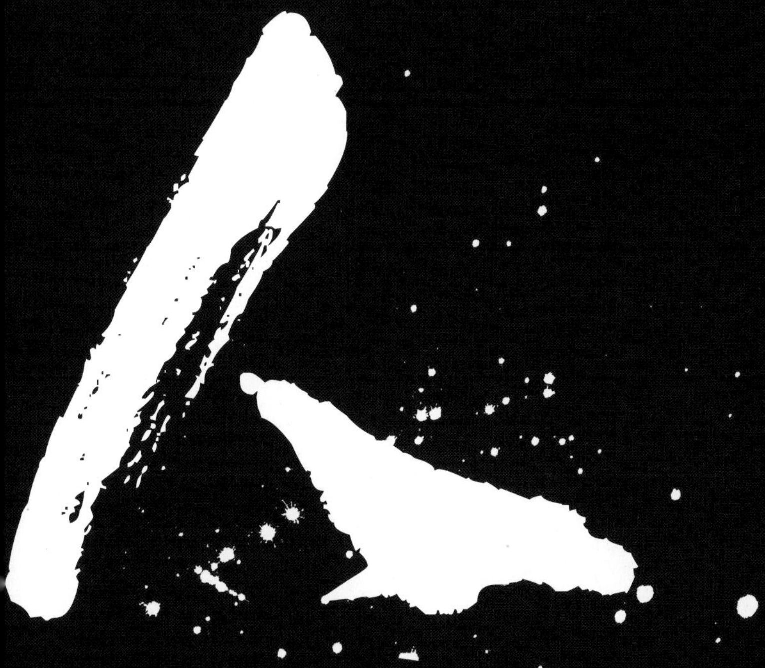
人

第七章　狩人

不动

如山

在广袤无垠的旷野上，一道身影矫健而坚定。传说中的猎人白猿带着他的女儿驾驶着巨大的机甲，在这片土地上留下了深深的足迹。

巨大的机甲在阳光下熠熠生辉，它的钢铁外壳宛如一副保护神的铠甲，为这对父女守护着无尽的希望。在这辽阔的大地上，他们并肩前行，共同追寻着未知的前程。

白猿双手稳稳地操纵着机甲，在这广袤的旷野上勇敢前行。而在他的身旁，年轻的女儿展现出了同样的勇气与韧性。她的眼神中透露出对未来的憧憬，仿佛看到了他们的目标就在前方。

他们在黄昏时分驾驶着巨大的机甲穿越沙漠，晚霞映照在他们的身上，犹如神秘的火焰。在这片大地上，他们仿佛是传说中的英雄，不断地追求着更高更远的目标。

当夜幕降临，漫天繁星映照着大地，机甲在寂静的草原上留下它沉重的身影。父女俩停下脚步，仰望星空，陷入深沉的思考。他们的内心充满了期许，就像这片旷野上的每一颗星星，璀璨夺目。

这片大地见证了他们的成长，他们将在岁月的长河里永远铭记这段美好的征程。

山灯

月亮高挂，皎洁的月光洒满大地。猎人父女骑着一头神奇的麒麟，开始了一段新的探险。麒麟的皮毛泛着金色的光辉，它身姿优雅，犹如一道闪电划过黑夜。山林里的小神仙们在树叶间起舞，兴奋地追逐着这对父女和麒麟，仿佛在欢庆一场神秘的节日。

猎人白猿名叫雷风，他是这片山林中一位英勇的猎人，曾在与恶狼作斗争的过程中，获得了神兽麒麟的帮助。从那以后，雷风与麒麟结下了深厚的友谊，共同守护着这片山林。雷风的女儿名叫月影，她拥有一双明亮如星辰般的眼睛，聪明机智，被山林中的小神仙们视为宝贝。她继承了父亲的勇敢和智慧，也学会了与山林里的小神仙们交流。

竹风

猎人父女雷风和月影带着他们的麒麟，穿越山林，来到了一片竹林之中。他们此行的目的是寻找一种名为“龙鳞草”的草药，这种草药能够治疗一种神秘的疾病。

可当他们走进竹林之后，却被一条邪恶的森蚺拦住了去路。猎人父女抬起长矛，瞄准森蚺猛然发力，长矛穿过森蚺的身体。经过这场激烈的战斗，猎人父女和麒麟成功打败了邪恶的森蚺，得到了通往龙鳞草生长地的通道。

神殿

猎人雷风进入神殿，探索神秘的力量。他一路穿过神秘的走廊和大厅，逐渐接近内殿。可当他到达内殿的时候，却被一位守护神殿的鬼将军挡住了去路。这位鬼将军身穿黑色盔甲，手持一柄黑色长剑，神情严峻，一股威严之气从他身上散发出来。

雷风听从了守护者的指示，找到了神器和机关，开始了反击。他发现神器可以释放出神秘的力量，而机关可以干扰鬼将军的战斗。利用这些方法，雷风终于打败了鬼将军，找到了神殿内的神秘宝藏。

猎归

猎人父女雷风和月影骑着他们的神龙开始了回家的旅途。飞越了无数的山脉和森林，穿过了浓雾和云层，月影发现周围有一群蝴蝶在围绕着她飞舞。这些蝴蝶有着五彩斑斓的翅膀，美丽且迷人。月影非常喜欢这些蝴蝶，她伸出手臂，让蝴蝶围绕着自己翩翩起舞。

随着神龙的飞行，这群蝴蝶似乎也变得越来越多。它们围绕着月影，不停地飞舞，仿佛在向她传递一种神秘的信息。月影感到这些蝴蝶充满了生命力和能量，也让她充满了活力。

雷风也注意到了周围的蝴蝶，他告诉月影这些蝴蝶是神龙的守护者。神龙拥有着强大的力量，但是也需要这些守护者的保护。蝴蝶们是神龙的忠诚伙伴，它们会在神龙需要的时候，飞到它的身旁，为它驱散黑暗。

夜荷

猎人父女雷风和月影在一天的狩猎之后来到了荷塘边，他们发现荷塘上飘荡着许多美丽的荷花，四周还有一些青蛙和蜻蜓。荷塘边有一片空地，雷风和月影乘着金鱼进入荷塘，他们准备在这里演奏二胡和木箫。

脆而清澈的音色在夜晚的荷塘上轻轻回荡。让整个荷塘都沉浸在美妙的音乐中。

两条金鱼仿佛也受到了音乐的感染，摆动着尾巴，似乎在与雷风和月影共舞。

音乐的气氛也逐渐被引导着向高潮迈进。荷塘里的动物也被音乐所激发，它们纷纷跳跃和飞舞，仿佛在荷塘上空演绎着一场奇妙的舞蹈。

如岚

猎人父女在山林中穿梭，以狩猎为生。父亲雷风是一位身手敏捷的猎手，他拥有精湛的箭术和剑技。他在狩猎中表现出非凡的勇气和毅力，被认为是山林中出色的猎手之一。

女儿月影从小跟随父亲学习狩猎技巧，掌握了多种狩猎技能。月影机智聪慧，性格坚强，也非常勇敢，经常能够在危机关头挽救父亲。

他们采取的狩猎方式非常谨慎，力求不影响到生态环境，同时也尽可能地减少对野生动物的伤害。他们经常参与保护自然环境的活动，也呼吁人们要爱护大自然。

猎人父女雷风和月影不仅拥有强大的狩猎技能，也是保护自然环境和野生动物的积极参与者，他们像山岚一样在山林间来去无踪，勇气和智慧让他们成为不可忽视的存在。

第八章

摆中

操戈

中国古代甲胄

古代战士所穿的防护衣叫作甲，由金属制成的甲也被叫作铠。胄则指的是战士的帽子，由金属所制也叫盔、鍪等。传说甲胄由主兵之神蚩尤所制造。

汉甲

西汉札甲为早期铁甲，其甲衣由多个铁片组成。远观似鱼鳞，所以也称大鱼鳞铁甲。款式上带着浓重的先秦遗风，对人体下肢的防护相对薄弱。两汉时期，铁铠已经逐渐占据主流，甲胄的制作和装备规模出现大幅度扩大的趋势。

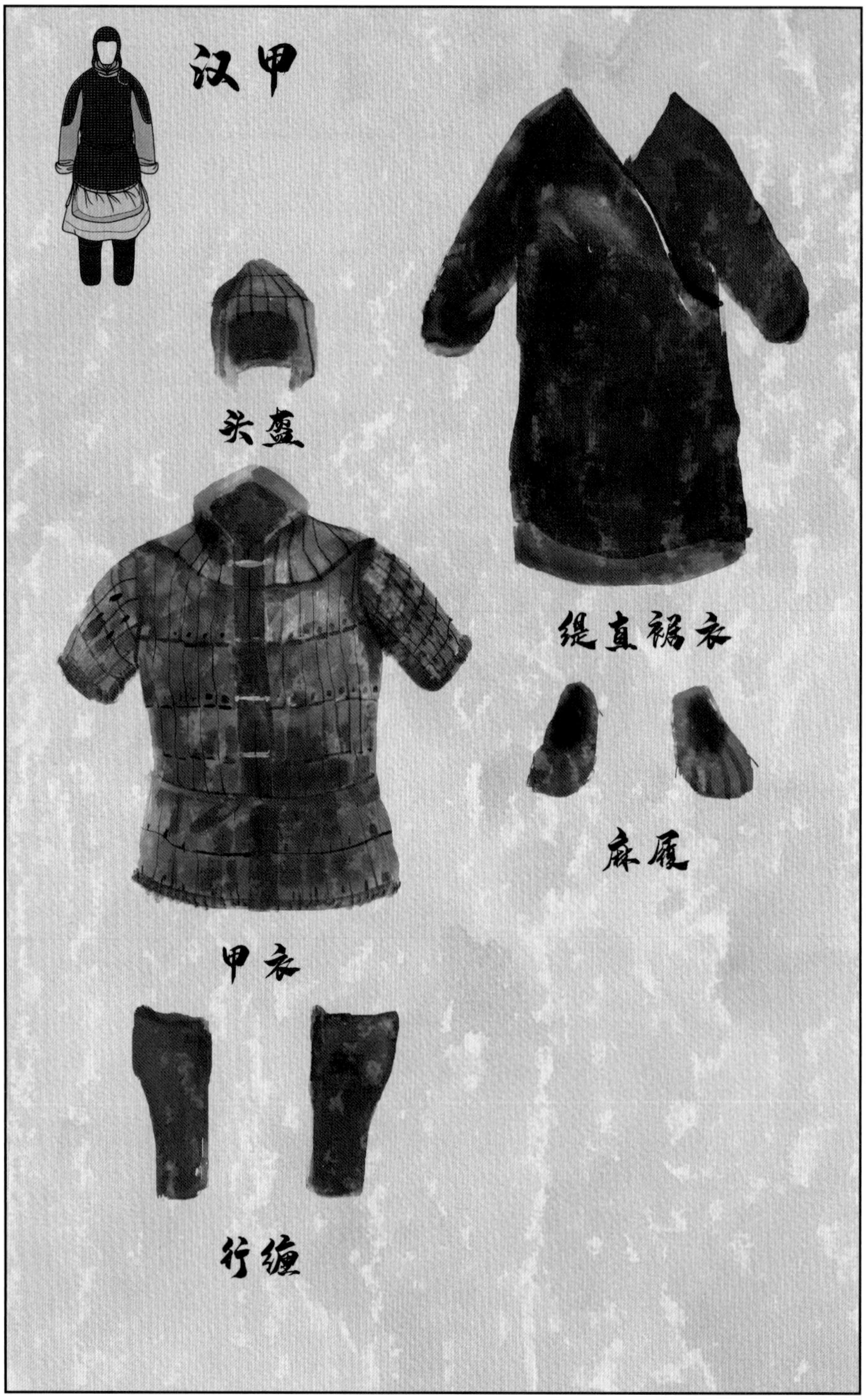

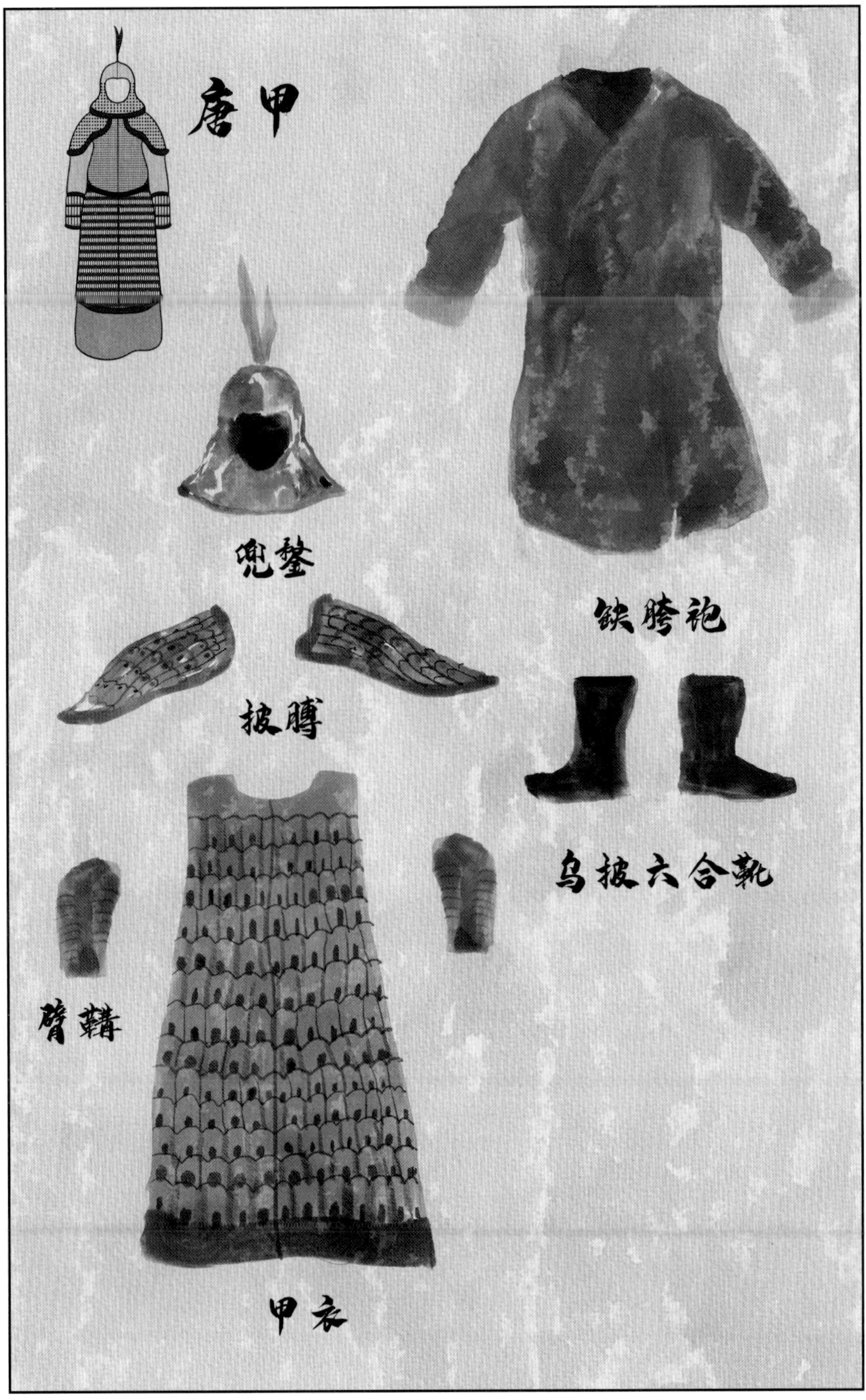

唐甲

大唐是中国甲胄走向巅峰和成熟的时期，由于国家的繁荣和发达，经过近千年发展的甲胄也变得越来越实用。图示的大唐札甲也逐渐脱离隋朝的影响，发展出独特的样式。这种甲胄便于实战，高度制式化，防护能力极强。

宋甲

虽然在人们心目中，宋以经济发达，武力低下著称。但其实朝廷在武备上的投入非常巨大，虽然还是以唐代铠甲作为基础，但发展迅速，也日趋华丽，在冷兵器时代，成为中国甲胄的巅峰。

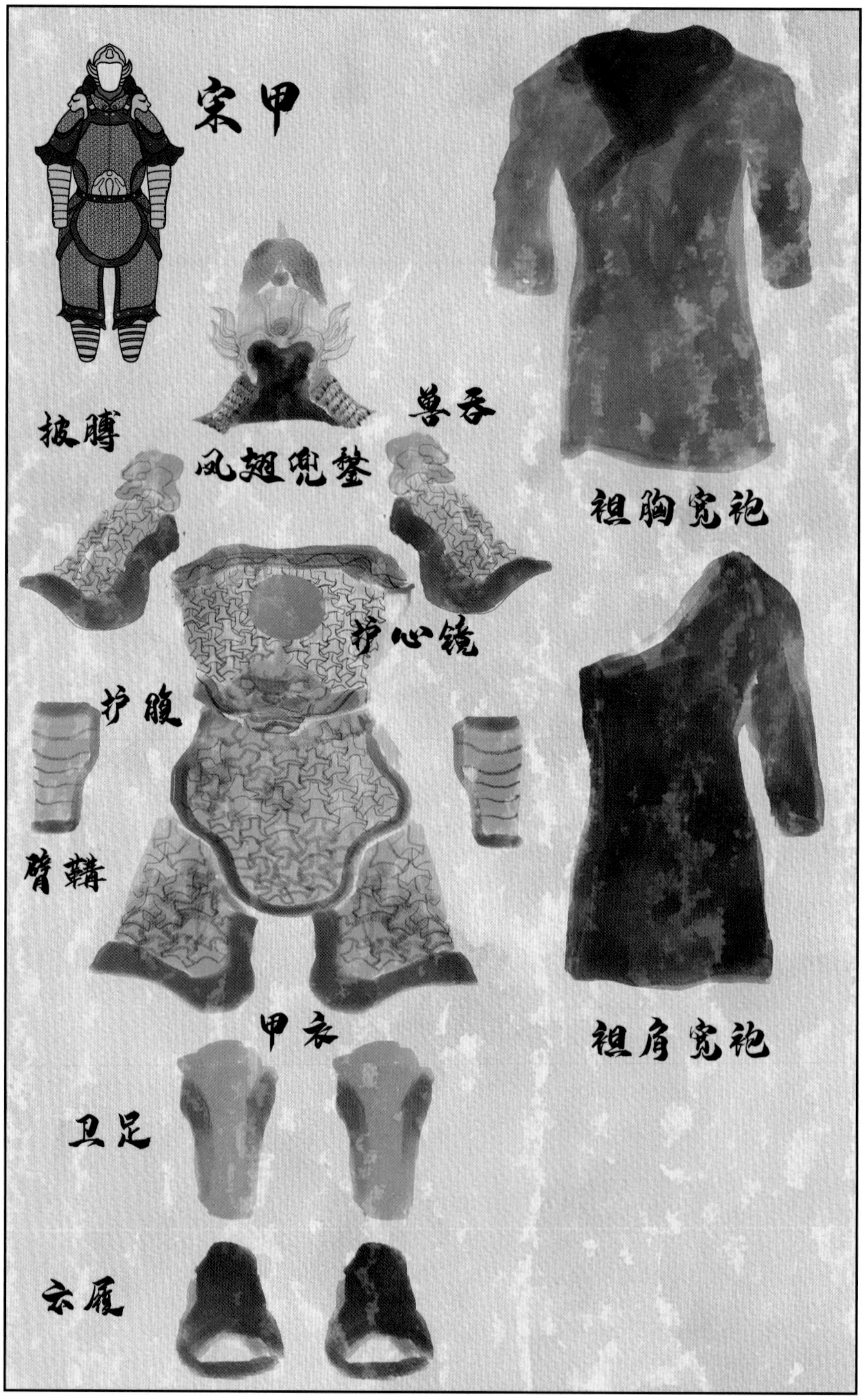

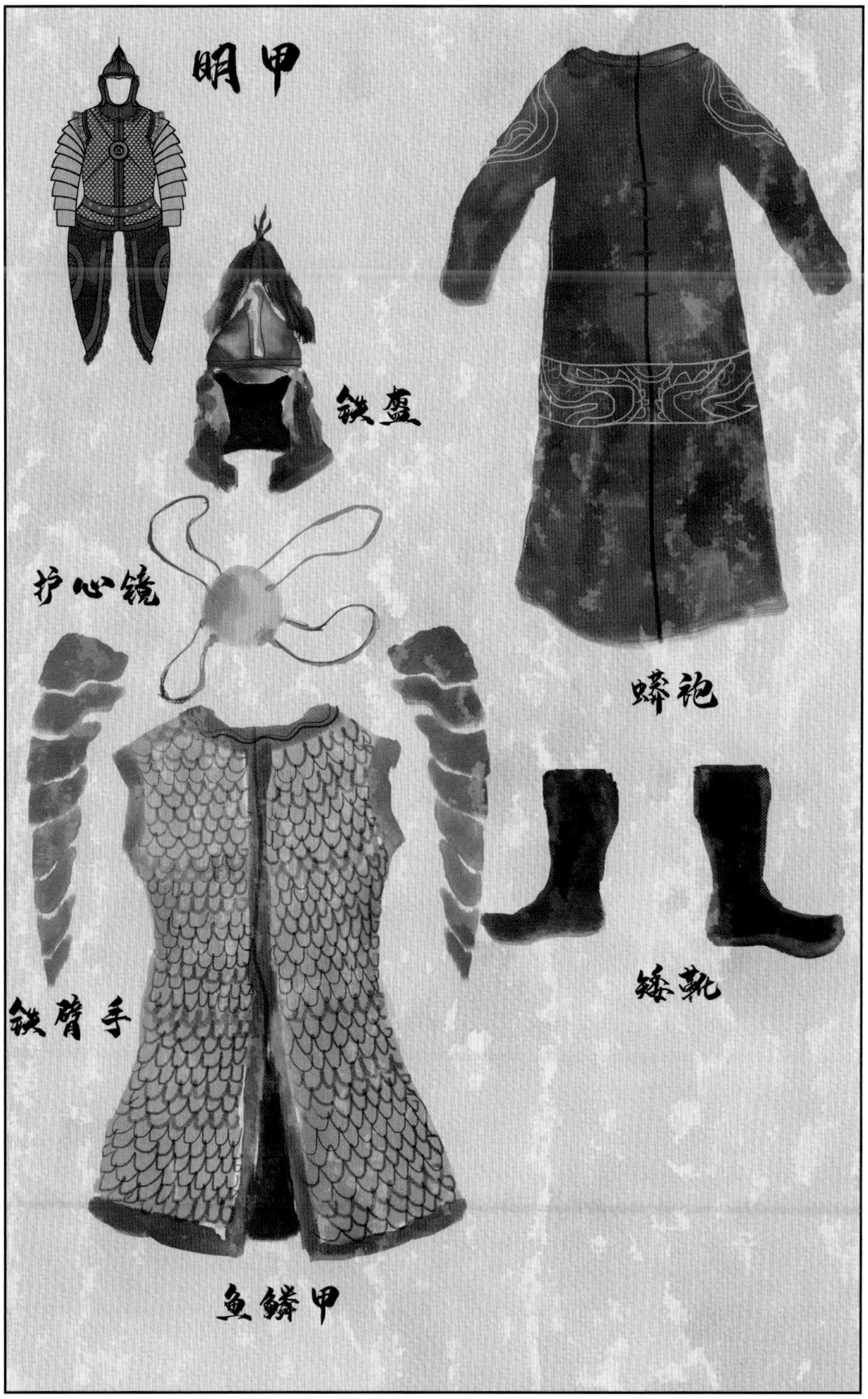

明甲

由于热兵器的出现，明朝甲胄不仅吸取了唐宋汉甲的精致，还吸取了元朝甲胄的简约，二者兼容。无论在实用性还是艺术性方面，都找到了科学的平衡点。除了图示的明代铁甲，在后期还发展出了以棉布铁衫为表的暗甲，这种甲胄能抵御硬度枪炮的冲击以及北方冬天的严寒。再往后，火器进一步普及，在明末时期，更机动轻盈的棉甲逐渐取代了暗甲。

中国古代军刀

刀，作为中国古代冷兵器的一种，在古代军事上扮演着非常重要的角色，也为中国文化带来了一道闪耀的光芒。

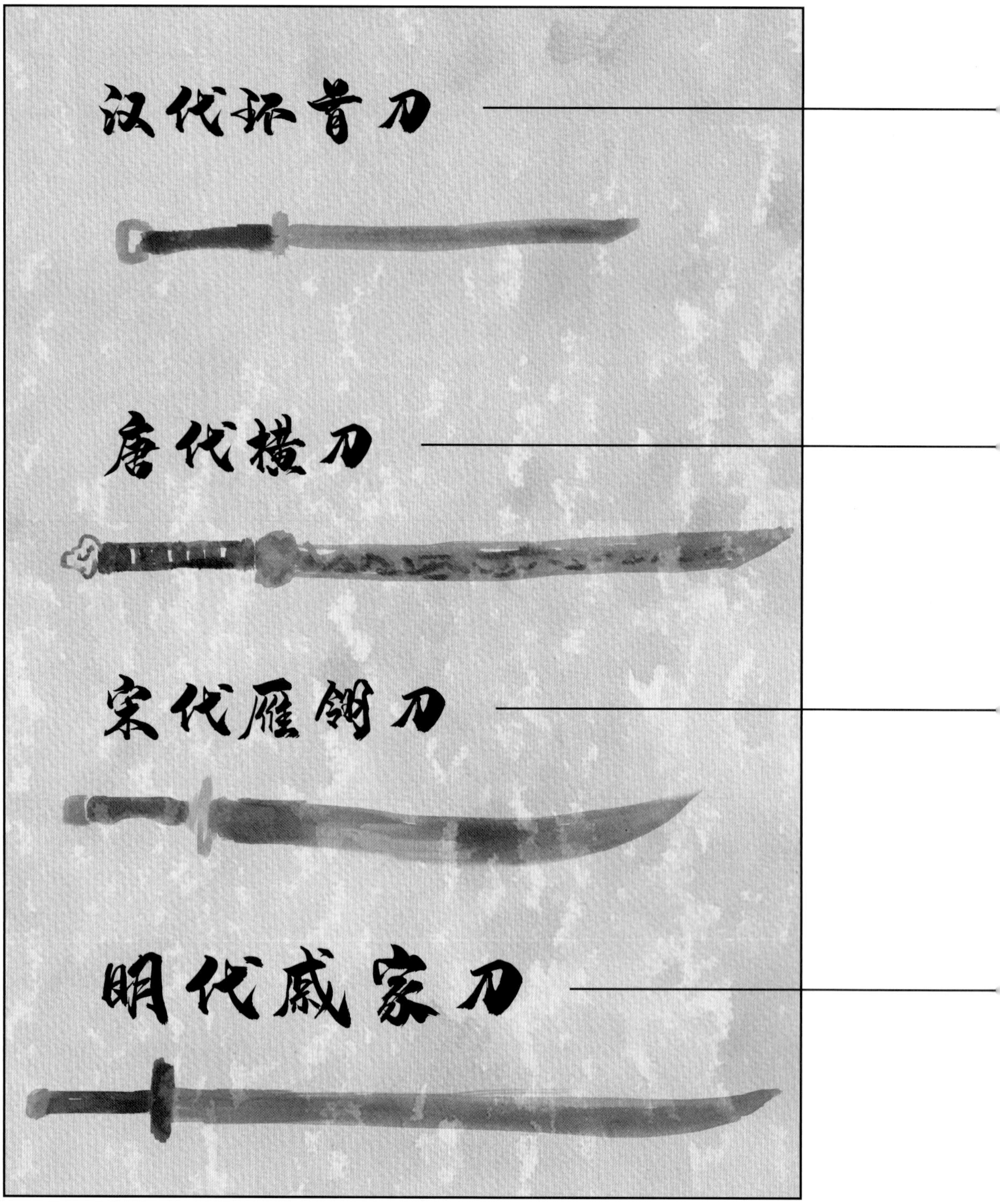

汉代环首刀

环首刀诞生于西汉时期，顾名思义，刀柄带有金属环。它是由钢经过反复折叠锻打和淬火制作的直刃长刀。刀背厚重，劈砍优于剑。而且工艺更简单，不需要两面开刃，适合量产来为军队大量装备。

唐代横刀

横刀不是一种独立的兵器，而是做为唐代刀里的一种样式。刀型传承自汉代的环首刀。其狭直刀身，小镡长柄，可双手握，中正不阿，显霸者之气。

宋代雁翎刀

宋代雁翎刀，因为形似大雁的翎毛而得名。刀身挺直，刀尖处有弧度，有反刃。始于南宋军器监，从此之后，此类腰刀有了正式的名字。

明代戚家刀

戚家刀的出现，与抗倭紧密关联。当时士兵所有的刀具经常被倭刀磕折，于是发展出厚背砍刀相抗。再往后，在一定程度上借鉴了倭刀的一些弧度样式，但刀茎、长度完全不同，刀柄也呈直线或向下弯曲，区别于倭刀的后弯式设计。

彩蛋

霸王

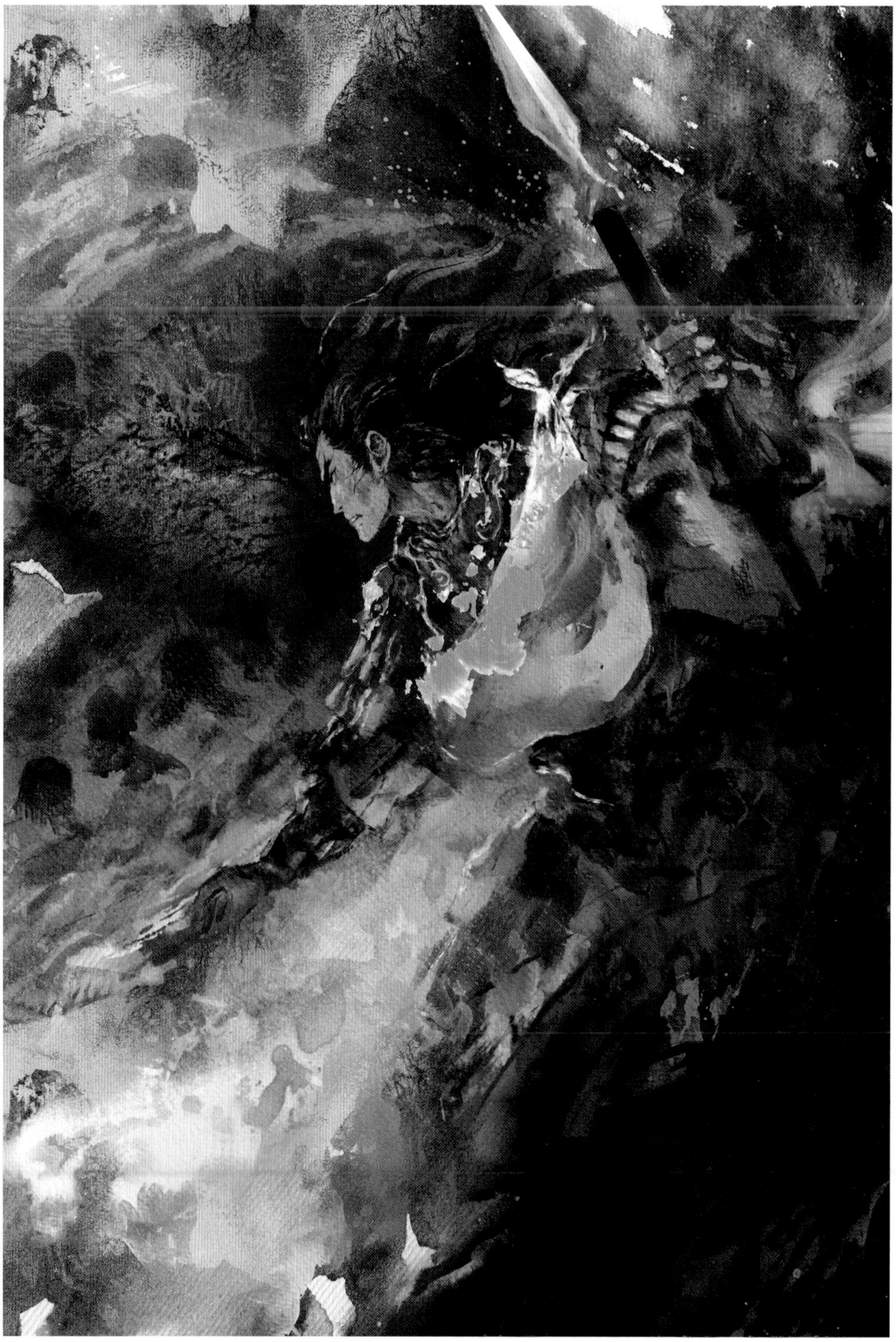

龙胆

后记

在中国五千年的历史长河里，涌现出许多战功卓著的著名将领，因其卓越的军事才华和英勇无畏的精神而被载入史册。同时，他们也代表着中华民族威武不屈、忠诚勇敢的优秀品格。

中国古代兵法家要求将帅应该具备：“智、仁、敬、信、勇、严”六种品质。为将帅者，“智以折敌，仁义附众，敬以招贤，信以必赏，勇以益气，严以一令”。凡能做到这些的，都成为了国之柱石。霍去病18岁率领八百骑兵深入大漠对匈奴作战，一战成名。他还一举奠定了武将的最高荣誉，21岁封狼居胥。花木兰15岁替父从军，忠孝节义，巾帼不让须眉。岳飞20岁从军，在背上刺下“精忠报国”。辛弃疾22岁独闯敌营。戚继光17岁从军抗倭。他们无一不是以青春之姿报国安邦，血战沙场。

“少年强，则国强”。这是深埋在中国人骨子里的血性，虽然今日恰逢太平盛世，但切不能忘记百年前的屈辱，“人无远虑，必有近忧”。我希望这些古代将领的品质也能通过艺术表现影响到年轻一辈，使得他们成为充满热血、爱国爱家、有担当和责任感的一代。

所以，《将魂》不仅仅是一本武将画集，更是一种精神的传递和延续。我希望用自己的笔墨传递出勇气和力量，以史为镜，立起民族之风骨。

这个时代的英雄是那些默默守护国土的军人，为国家科技突破呕心沥血的科研人才，为国争光的运动员。他们是国家之栋梁，是活跃在各个领域里的领军之将，虽不见刀兵，不着甲胄，但将魂之血流淌在每一个有骨气和有血性的中国人心里。